U0103985

| 心得帖丛书 |

松下幸之助的
人生心得

[日] 松下幸之助 著

王亚楠 译

挖掘天赋

人生心得帖

人民东方出版传媒
People's Oriental Publishing & Media
东方出版社
The Oriental Press

图书在版编目（CIP）数据

挖掘天赋：松下幸之助的人生心得 / （日）松下幸之助 著；王亚楠 译 . — 北京：
东方出版社，2024.3
ISBN 978-7-5207-3584-1

Ⅰ.①挖…　Ⅱ.①松…②王…　Ⅲ.①松下幸之助（1894—1989）—人生哲学
Ⅳ.① K833.135.38

中国国家版本馆 CIP 数据核字（2023）第 145853 号

JINSEI KOKOROECHO
By Konosuke MATSUSHITA
Copyright © 2001 by PHP Institute, Inc.
All rights reserved.
First original Japanese edition published by PHP Institute, Inc., Japan.
Simplified Chinese translation rights arranged with PHP Institute, Inc.
through Hanhe International (HK) Co., Ltd.

本书中文简体字版权由汉和国际（香港）有限公司代理
中文简体字版专有权属东方出版社
著作权合同登记号 图字：01-2023-2523号

挖掘天赋：松下幸之助的人生心得
（WAJUE TIANFU: SONGXIAXINGZHIZHU DE RENSHENG XINDE）

作　　者：［日］松下幸之助
译　　者：王亚楠
责任编辑：刘　峥
出　　版：东方出版社
发　　行：人民东方出版传媒有限公司
地　　址：北京市东城区朝阳门内大街 166 号
邮　　编：100010
印　　刷：番茄云印刷（沧州）有限公司
版　　次：2024 年 3 月第 1 版
印　　次：2024 年 3 月第 1 次印刷
开　　本：787 毫米 × 1092 毫米　1/32
印　　张：4.5
字　　数：39 千字
书　　号：ISBN 978-7-5207-3584-1
定　　价：54.00 元
发行电话：（010）85924663　85924644　85924641

作者简介

[日] 松下幸之助

Panasonic（原松下电器产业）集团创始人，PHP研究所创办者。1894年，出生于日本和歌山县。9岁时，独自一人到大阪当学徒，后就职于大阪电灯株式会社。1918年，23岁时创建了松下电气器具制作所。1932年，意识到产业人的真正使命，产生了自己的经营哲学。1935年，制作所改名为松下电器产业株式会社。1946年，以"Peace and Happiness through Prosperity"（通过繁荣实现和平与幸福）为理念，创办PHP研究所，开始了PHP运动。1979年，兴办松下政经塾。1989年去世，享年94岁。代表作《天心：松下幸之助的哲学》。

前　言

我马上就九十岁了，现在回想九岁那年母亲送我去大阪当学徒的场景，我站在故乡的纪之川车站，恍如昨日。

光阴似箭，一晃过去了八十一年，这些年我经历了很多事情。经常听人说"你一定经历了很多困难吧"，其实我自己并没有这种实感。我只是每天认真工作，努力向前。在此期间，确实遇到了各种各样的事情，和不同的人交流，也因此才有了今天的我。所以，每次想到这些，我的内心就充满了对社会、对周围人和对工作的感恩之情。

在过往的工作和生活中，我总结了一些思考和感受，也据此做了一些演讲，写了一些书。本书就是我复盘过往人生经历的产物之一。

人生是深邃的，复杂且微妙。虽然我还在修行中，但仍然想把我的经验和想法分享出来，希望能够帮助你们成就更加美好的人生。如果还能够收到读者朋友的意见和反馈，我会非常感激。

松下幸之助

1984 年 8 月

目 录

人生航海术

只要遵守自然法则，一切皆有可能。挣脱思想的束缚，怀着一颗真诚的心去探寻真理，然后坚定地实践。

一直以来，人生常被比喻为航海。

我们不得不在无边无际、变幻莫测的大海上航行，不断地朝着目标前进。过程中，我们可能会有平静、安逸的日子，也可能会如同一片树叶在狂风巨浪中颠簸。有时我们会迷失方向，甚至会被巨浪掀翻，只能无助地漂浮在海面。这与我们的人生有许多共通之处。

今天，乘船旅行已经比过去安全舒适多了，这主要归功于航海技术的进步和造船技术的改良。但是，人们在进行这些航海技术和航船改良时，重视的正是如何遵循所谓的自然法则以便保障最大限度的安全。

在海洋上航行时，当然不能忽视大自然的力量——风吹起来会产生波浪，波浪会使船只摇晃，这就是自然法则。在航海中，遵循这种自然法则是极其重要的。如果妄图使船只在海浪面前保持绝对平稳，这是不可能的，也是非常危险的。当然，这种违背自然法则的事情是无法做到的。

无论是航海技术的进步还是船只的改良，都是基于如何在不违反自然法则的前提下实现更安全的航行。同样地，我们的人生航程也是如此。

那么，遵循自然法则在人生中意味着什么呢？其实它并不是什么特别困难的事情，而是一般人都具有的常识。例如下雨就应该打伞，这样才不会淋湿身体；生病发烧时要好好休息；对曾经帮助过我们的人要心怀感激等。在商业上，就应该生产高质量的商品，以合理的价格销售，并确保回收款项；如果无法销售，也不要勉强自己，可以调整一下；如果能够再次销售，就要努力生产。上述这些都是人生航程中符合自然法则的例子，如果能够坚定地践行这些原则，我们的身体会更加健康，人际关系会更加和谐，事业也会更加顺利。所以，我认为，如果我们能够遵循自然法则，所有事情都会变得更加顺利。

然而，现实生活中我们经常忘记这一点，以至于陷入困境。

拿破仑曾说过："在我的词典中，没有'不可能'这个词。"这句话从某种角度来看可能会被认为是非常傲慢的，因为人类还有很多事情是做不到的。例如，衰老和死亡是所有人都无法避免的，拿破仑在晚年沦为囚犯，最终在潦倒中去世。因此，有人可能会认为"一切皆有可能"这样的话，体现的是人类忽视自然法则的狂妄自大。

从某种角度来说，这句话中蕴含了一定的真理。因为确实有许多事情是人类无法做到的。不可能是什么意思呢？那就是违背所谓自然法则的事情是不可能实现的。例如，人类必然会衰老，这就是自然法则。因此，想要永葆青春也是不可能的，因为这违反了自然法则。

但是，反过来说，如果符合自然法则，一切都是可能实现的。也就是说，无论是关于我们的身体还是关于人际关系、商业活动等任何事情，只要符合自然法则，就一定能够成功。从这个意义上来说，我认为拿破仑说的这句话也具有一定的真理性。但是，即使是拿破仑，最终也因违反自然法则而自取灭亡。

虽然生命的航程上会有波涛汹涌，但如果能记住这个真理，以真诚的心态去探寻何谓符合自然法则的真理，并据此实践，无论遇到什么困难，都会慢慢找到解决之道吧。

打磨生命的光辉

　　尽人事，听天命。每个人的生存方式，决定了自己能否积极地运用被赋予的人生。

　　人生的很多事都是由自然规律决定的。每当回首往事时，我总有这种感觉。

　　例如，为什么我会开始从事电器制造和销售工作？为什么我能够在这个领域取得一定的成功，达到今天的规模？只能认为这是顺应了自然规律的结果。

　　世界上有很多杰出的人，无论从身体强壮、博学多才、天赋异禀等任何方面来看，我都不能与之相较。所以，我今天在事业上取得的成功，不得不被认为是大自然给予我的礼物。虽然我在各个阶段都做到了竭尽所能，但我并不认为成功仅仅是因为我付出了超出常人的努力。

只是，我尽可能地将自然规律这个东西转化为积极的力量，或者说在自然的情况下让它产生积极的影响。

因为家境贫寒，我很小就被送到了一个商人家庭做学徒，开始接受商业训练，体验到了这个世界的艰辛。因为我自出生起就身体虚弱，所以学会了在工作中借助他人的力量；又因为我没有学历，所以一直以来都虚心向他人请教。通过几次从死亡线上幸存下来的经历，我慢慢开始相信自己的好运气。正因为这样，我一直以来都积极地接受了被赋予的人生，并在无形中积极地面对它，从而打开一条新的道路。

当然，自然规律是超越人类意志和行动的。我们作为人类降生在这个世界，并不是出于自身的意志。作为男孩或女孩出生，生于日本或外国，也都不是我们所能选择的。同样地，我们拥有哪些天赋、素质，也都是与生俱来的，我们自己无法改变。

然而，如果因此就认为我们人类对自己的人生无能为力，也是值得商榷的。

这就是人生真正奇妙而有趣的地方，即我们的意识和行动方式会影响我们的运气。换句话说，"尽人事，听天命"这句话是有道理的。因为生活方式的不同，决定了我们是否可以更好地利用和发挥我们所被赋予的人生，比如在寿命、天赋和才能等人生各个方面。以我个人为例，我在过往的人生中无形地利用了被赋予的人生。

我认为人生一部分取决于自然规律，一部分取决于自己。自我发挥空间决定了人生能够展现出多大的光辉，对我们来说最重要的事情就是最大限度地利用好自我发挥空间。虽然人生中有很多事情是无法改变的，但在这个范围内，我们要坚定自己的信念，努力走自己的路。这样的话，即便获得了巨大的成功，也不会沾沾自喜；反之，即便遭遇了失败，也不会因此一蹶不振。这样，我们才能做到如同走在一条坦坦荡荡的大道上，走好处世之道。

经历打磨方能闪耀，这是人的本质

人类就像是钻石的原石，会散发出耀眼的光芒。

但是，这一卓越本质不经打磨是不会散发出来的。

当我们思考"人与人之间应该如何相处？人类应该怎样生存？"等问题时，最基本的一点应该是认清人类自身。即，人是什么，也就是人类观。一个人的人类观直接影响其生存方式和他与人交往的方式。

"人究竟是什么？"古往今来，在学术和宗教上都有不同的解释，甚至于因为生活经验的不同，也会有不同看法。例如，有人将人类视为聪明的动物，一种社会性存在，一种具有神性或者佛性的存在；也有与之相反的观点，有人认为人类是迷途的羔羊，是欲望的团块，是或强大或软弱的存在，等等。

可以说，这些观点都只表述出了人类的一个侧面。不知从何时开始，我认为最重要的是，人类是非常伟大且值得尊敬的存在。

我生下来就身体虚弱，即便是后来创办电器制造企业以后也经常生病，可以说是时常卧病在床的半个病人，一直工作到战争年代。

因此，即便自己事先有很多做事的想法，也不能如愿亲自践行。所以，大多数情况是把工作分配给有干劲儿且合适的下属去做。在工作分配下去之后，我也不能做到事事亲为。所以，在工作分配时不会半信半疑，必须完全信任他们，"只要重要的事情与我商量就好，其他的事情按照你的想法做"。而接到任务的下属会想："老板生病卧床，他这么信任我，我不能辜负他的信任，必须加倍努力。"然后，他们会发愤图强，付出十二分的努力。不仅如此，被激发出干劲儿的员工在充分发挥个人能力的同时，还会为了同一个目标与其他人通力合作，收到一加一等于三甚至等于四的效果，这样的集体往往能完成很重要的工作。

　　基于上述经验，我认为，人类是伟大的存在，拥有无限能力和可能性。

打个比方来说，我认为人类拥有钻石原石一样的品质。也就是说，虽然钻石的原石原本拥有散发耀眼光芒的本质，但不经打磨也是无法散发光芒的。而我们要做的首先是意识到人类这块石头经过打磨会发光这一事实，然后再拼尽全力去打磨，直至看到美丽的钻石般耀眼的光芒。

人类就像钻石的原石，仅从表面上是看不出来能否散发光芒的，经过打磨后才会发现每个人都具有发光的本质。换句话说，每个人的身体里都蕴含着无限的可能性。如果我们能够认识到这一点，每个个体或者作为一个团体精诚合作去打磨出这种可能性，人类本来拥有的特质和长处就会像光一样散发出来。如此，我们也就能实现世界的繁荣与和平，还有全人类的幸福。

遗憾的是，我们竟然还没有发现人类的这一伟大本质。在现实生活中，"人类是软弱的、不可信赖的、任性妄为的、好争好斗的"，诸如此类的观点反而甚嚣尘上。这正是当今世界陷入混乱的主要原因之一吧。

我们尽快认识到人类的这一伟大本质，并坚定地相信它的巨大能量，是非常重要的。在此基础上，我们才能像打磨钻石的原石一样，把我们自己打磨成人类本来的样子，人类具备的伟大本质才会如鲜花盛开，助力我们取得伟大成果。

作为人的成功

充分发挥自己的天赋，这样才能找到同时令自己和他人都满意的正确活法，才能收获成功。

每个人都渴望成功，并且从小就被告知成功的重要性，很多人甚至陷入了必须成功的执念之中。

然而，请认真思考一下，在我们的人生中，成功究竟意味着什么？

一直以来，那些拥有社会地位、获得很高荣誉或者创造财富的人往往被认为是成功者，受到周围人的尊重。在商业领域，人们也一直认为扩大店铺规模、获得利润财富和名声才是成功的表现。

当然，这也是成功的一种形式。但是，作为人，成功并不仅仅意味着这些，也可以有其他的表现形式。

有一种说法，"三百六十行，行行出状元"。每个人都有各自不同的特质和天赋，每个人在这个世界上都是独一无二的。也正因为如此，注定了每个人都会有不同的职业方向和生活方式。有些人天生就有成为政治家的天赋和使命，而有些人则天生就适合做学者。其他职业也是如此，比如医生、技术人员、画家、歌手、建筑师、商人等，每个人都被赋予了适合自己职业方向的天赋和使命。

所以，充分发挥自己被赋予的天赋，并努力实践，取得成功，这也是一种成功。甚至可以说，这

才是我们人类应该追求的生存之道，才是真正的
成功。

成功的形式因人而异。对于某些人来说，成为
部长并完成他作为部长的使命是成功；而对于另
外一些人来说，做一个鞋店老板，在工作中帮助他
人、受到周围人的尊敬也是一种成功。所以说，成
功与否的标准不是社会地位、名誉或财富，而是是
否充分发挥了自己的天赋和使命。

如果认为社会地位、名誉和财产是评判成功与
否的唯一标准，为了达到这个目的，我们很可能会
做出违背现实和常识的举动，甚至不惜错误地利用
自己的天赋和特质。一旦结果不尽如人意，就会
陷入绝望和自卑的情绪中一蹶不振，失去生活的

意义。

现实是，不管怎样努力，也不可能每个人都成为国家总理或者公司总裁。即便是成为有钱人，也不是每个人都能做到的。

与此相对，我们每个人都可以根据个人的天赋才能寻找到适合自己的生活方式。只要找到适合自己的生存之道，无论是否拥有社会地位和财产，都可以过上生机盎然的生活，都可以自信地说，自己生活得很开心，很充实。如果能有更多这种生活态度的人，我们的社会就能变得更加丰富和充满活力，发展得越来越好。

最近经常听到人们说："虽然生活比以前更加

富足，但受到不公平待遇的人，深感不满和不安的人却越来越多。"我想，根本原因可能就与我们对人生成功的看法有关。许多公司、组织和学校过于强调地位、荣誉和财富等评判标准，而忽略了发挥每个人独特的天赋才能，轻视了实现每个人使命的重要性，这就导致人们更多的不满和烦恼。

由此可见，人生的成功和作为人的成功，根源在于能否发挥每个人的天赋才能。如果我们能够充分发挥自身天赋，不仅可以解决个人的不满和烦恼，享受生活的乐趣，也可以促进整个社会的发展和繁荣。

发掘天赋

发掘自己的天赋。首先，要有强烈的渴望，这样才有可能在日常生活中自然而然地寻找到。

我们在前文中谈到，人类的成功在于充分发挥自己的天赋。所以，为了实现这一目标，首先必须明确自己的天赋是什么。否则，即使想要发挥天赋，也无从下手。

当然，在现实生活中，发掘自己的天赋并非易事。这是因为它们总是以一种不那么容易被发现的形式呈现出来。也许，有些人认为这很不合理，但这种发掘天赋的过程正是人生的趣味所在，也是一种美妙的享受。

如果想要找到自己的天赋，首先要有这种觉悟。在此基础上，我们需要思考如何寻找。但无论如何，最重要的是要怀有找到自己天赋的强烈愿望。如果我们的愿望足够强烈，我们就很有可能在日常生活中自然而然地发现自己的天赋。

在我们寻找到自己的天赋时，可能会听到类似"我对这个方向感兴趣"的声音，或者一些小的动机或事件可能会告诉我们自己存在未被发掘的天赋。此外，周围的人可能也会告诉你，"你有这样的天赋"。如果你有强烈的渴望去发现自己的天赋，你就会留意到这些提示。

然而，如果你的愿望不够强烈，周围人给你的提示就像耳旁风，会被忽略掉。因此，我个人认为，我们要想发掘出自己的天赋，最重要的是要有强烈的愿望。

还有一件重要的事情，我们要时刻保持一颗虔诚的心。要能做到不受私心干扰，能够冷静客观地看待事物，做出正确的判断。如果缺乏这样虔诚的心态，很可能会自作聪明，曲解他人的建议，导致事情朝着错误的方向发展。

所以，发掘自己的天赋需要保持强烈的愿望和虔诚的心态，这两者缺一不可。

此外，为了发掘出每个人的天赋，我们需要从小就教给孩子们正确看待事物并深入思考的方式，同时创造一个让孩子们容易发现自己才能的环境和氛围，这在家庭教育和学校教育中都是非常重要的。更进一步地说，我们整个社会都必须有志于发掘每个人的天赋，创造有利的社会环境和社会氛围。

通过上述方式，当每个人都能发现自己的天赋并努力实践时，我想，我们每个人都会拥有属于自己的成功，走上属于自己的幸福之路。

同时，如果我们每个人都依照自己的天赋才能而努力，不勉强自己，不进行无益的竞争，尽力做好自己的事情，整个社会也会生机勃发，实现稳步增长和繁荣。

首先要信任

人，一旦被信任，就会想着不辜负别人。如果选择信任反而被辜负，也会想坚持自己的信念。

迄今为止，我和各种各样的人一起工作过，也结识过形形色色的人。现在想来，我深切感受到，人类真是伟大，只要你信任对方，对方也会给予你同等的回应。而且，相互信任会给我们带来物质和精神双重层面上的利益，人际关系也会因此变得更加顺畅。

我和两位亲人一起刚开始制造电器的时候，曾经发生过一件事。因为工作人员只有三个，实在忙不过来，于是我们决定雇用四五个人。这时，出现了一个问题。我们在制作插座等零件的时候，使用的是一种叫作"炼物"的材料，里面混合了沥青、石棉、石粉等物质。问题是，我们不知道是否应该把这种材料的制作方法告诉工人们。因为当时"炼物"这种材料还是新型材料，所有工厂都对它的制作方法严格保密。一般情况下，人们只会向兄弟姐妹、亲戚等自己相信的亲人透露制法，然后让他们去操作。

但是，如果我们也像其他工厂一样将制作方法保密起来，只有亲戚才能从事这项工作，而且必须保持工作场所和流程不被其他员工看到，这样做不仅很麻烦，而且效率低。更重要的是，对于那些在我的工厂工作的同事，采取这种方式真的合适吗？经过多番思考，我决定适当教授雇用来的工人这种制作方法，并让他们负责生产。

对于这种做法，一位同行曾经告诫我说："你这样做会有泄露制作方法的风险，可能会导致竞争对手增多，对你和公司来说都很不利。"但是，我当时的想法是，只要告诉对方这是一项重要的机密工作，他们不会轻易背叛我的。

幸运的是，事实也是他们没有把制作方法泄露出去。最重要的是，由于承担了这项保密级别的重要任务，员工们更积极主动地投入工作，工厂整体的氛围变得开放和积极。我的做法带来了意想不到的成果。

自此以后，我都尽可能地信任员工，大胆地把工作交给他们。例如，任命二十岁左右的年轻员工作为金泽①事务处的负责人，或者把产品的开发交给有潜力的员工。他们都给我带来了超出预期的成果。

通过这些经历，我深刻地体会到人与人相互信任的重要性。

如果我连和我一起工作的人都不信任，结果会怎样呢？那不仅仅是我个人精神上的痛苦，还会造成效率低下等诸多问题。

当然，人类的心中有爱恨情感、得失心等各种欲望。所以，才难免会导致我们对他人产生怀疑，

① "金泽"为地名。——编者注

认为他们试图夺取我们所拥有的东西，或是损害我们的利益。但是，这种不信任只会导致不幸、效率低下，甚至其他更为不好的结果。

所以，重要的是，首先要信任对方。即使会有被欺骗或遭受损失的情况发生，但只要我们能够坚定地信任对方，甚至愿意接受被欺骗的结果，对方也许并不会欺骗我们。欺骗信任我们的人，这是每个人的良心所不能容忍的。

因此，我相信"人类是值得信任的存在"。

感恩之心

我们应该常怀感恩之心。只有有了感恩之心，我们才会珍视身边的事物，保持谦逊的态度，才更容易感受到生活的快乐。

很久以前，我因身体不适时常感到疲倦，也经常情绪低落，每天度日如年。

有一天，我遇见了一位好友，询问他："我最近总是感到孤独寂寞，有时甚至会对世界感到悲观，这是怎么回事呢？"他马上回答我："这是抑郁症。"因为我自己完全没有往这方面想，听了他的话大吃一惊，但又觉得有合理之处。

于是我又问他："所以，抑郁症的根源是什么呢？"他回答："很简单。"然后，他对我说了下面的话。

"你不懂得快乐，也不懂得物品的珍贵。其实，从旁观者的角度来看，你现在的处境已经非常幸福了。然而，你自己并不这样认为，甚至连空气这样对生存来说必不可少的东西，你也没有感觉到它的珍贵。所以，你才会陷入这样的孤独心境。如果你能意识到这一点，怀有感恩之心，这个世界就会变得非常美好。即便出现一些令人心烦意乱的问题，你也会变得勇敢无畏。"

听了这番话，我恍然大悟。

反复思考友人的话，我深感确实如此。虽然我有时也觉得自己处境还不错，但并没有深刻意识到这是多么珍贵的事情。

不仅如此，我甚至没有想过自己之所以能活着，是因为有足够的空气。

于是，我思考了一下——我的工作和任务当然非常重要，但如果空气消失五分钟，我会立刻死亡，无法工作。而且，对于生存来说最重要的空气是无限供应的。如果我没有深刻意识到它的珍贵，反而一直被眼前的事情所困扰，那简直太狭隘了。

当我这样想时，就发现完全没有必要为各种琐事而烦恼，心情也就自然而然恢复了。

实际上，我们无须任何付出就拥有了大自然无限供给的空气、水、阳光等。不仅如此，我们能够过好每一天，也要感谢周围的人，例如父母、兄弟姐妹、前辈、同事，等等。因此，作为个人，应该对周围人和物深怀感恩之心。

然而，事实却是，人们往往容易忘记这一点，没有意识到感恩的重要性。因此，他们总是抱怨生活中各种不公平，拥有各种愤懑。最终，这种心绪导致他们的生活也被忧郁氛围包围。

在当今快速运转的社会中，"感恩之心"的概念渐渐被视为过时的观念，甚至于被嘲笑是无稽之谈。但我认为无论世事如何变迁，它永远都是极为重要的。

人只有拥有感恩之心，才能真正做到珍视身边的事物，保持谦逊的心态。感恩之心给我们带来生活的乐趣，减少人与人之间不必要的冲突和争吵。

当我们因不安和愤怒而心情抑郁时，应该问问自己是否忘记了感恩，这是生活中的一个重要诀窍。

深怀畏惧之心

　　丧失畏惧之心是极危险的事情。我们要对周围事情常怀畏惧之心，谨慎待之。

　　我们为了拥有更好的人生，必须在日常生活中常怀畏惧之心。

　　有些人可能认为："感到畏惧就是懦弱，这样的人必将一事无成。"

　　但是，这里所说的"畏惧"不是因为懦弱而感到害怕，而是更积极意义上的谦逊的"畏惧"。例如，孩子们对父母或老师有某种程度上的畏惧，店员会畏惧店主，员工会畏惧社长。即使是公司最高地位的社长，也会有他畏惧的东西，例如公众舆论等。

人不仅有对别人的畏惧之心，对自己也有，比如畏惧自己有懒散的心态、傲慢的性格，或者在做某件事时，害怕自己没有强大的勇气和坚定的信念。

感到"畏惧"这种更精神层面的自律感觉常常被人们忽略，但我认为这是非常重要的。因为对于每个人来说，如果没有畏惧之心，即便可以按照自己的意愿行事，但在思考问题时也会变得轻率和傲慢，最终会走向自我毁灭。

纳粹的希特勒，就是因为不知道畏惧，过度相信自己的力量，以权力为幌子，最终走向毁灭的。

　　因此，从某种意义上来说，我们每个人都应该在心中怀有畏惧之心，即使现阶段没有，也要努力寻找它，并且坚持每天努力。这样长久下去，就能自然而然地保持谦逊和谨慎的心态，也能时时反省自己的言行，审慎地判断自己接下来应该走的道路。换句话说，正因为深怀畏惧之心，才能以谦逊的态度不断努力，最终发挥出自己的真正实力。

　　这一点不仅仅适用于个人生活，还适用于公司、组织甚至执政的国家政府。

　　无论是团体还是国家政府，如果不知畏惧，必然会过度自信，最终走向依靠暴力或权力解决问题的道路。这样下去，即使暂时权势在手，最终也会走向自我毁灭之路。在过往的历史上，这种事例不胜枚举。由此可见，丧失畏惧之心是很危险的。

　　因此，不仅是个人，即便是几个人通过组织或团体进行集体活动，也需要十分留意，以避免陷入所谓的多数人暴力。环顾现今的世界，不论是个人还是团体，有太多危险的"不知畏惧"了。

人情世故的微妙

　　人的心灵是无法用逻辑来解释的。了解微妙的人情世故，注意在此基础上的言行举止，以建立更好的人际关系。

　　想一想，人的心灵是多么神奇的东西。

　　人情世故的微妙，表现在只要一点小事情，就可以让人感到高兴、悲伤、生气，心情大起大落，甚至变得微妙，令人难以捉摸。因此，在集体生活中，要想过得舒心，就必须了解这一点，在做事情时必须考虑他人的感受。

　　我听过这样的故事。那是在明治政府时期，第一次设立所得税时发生的事情。

　　当时，大阪南区的宗右卫门町有一家名为富田屋的一流茶馆。有一天，当时的名流和富人受大阪税务局邀请来到富田屋。虽然是被邀请，但邀请他们的是拥有比现在更强大权力的政府部门。这些人有些不安地坐在客厅里，然后一位被认为是税务署长的人出现了。然而，这个人并没有坐在正席上，而是坐在末座，说："很感谢大家今天来到这里，我们决定根据你们的收入收缴所得税，请你们合作。"然后，宴会就这样结束了。

　　这只是一个小小的故事，但当我听到它时，我感受到了故事背后的微妙之处。因为在那个时代，官僚和民众之间的不平等十分严重，即便是建立新的税收制度，只要发布通告或召唤人们到政府部门当面下命令就可以轻易实施下去。但是，税务署长没有这样做，他自己很有礼貌地解释了自己的意图，并请求那些人配合。这体现了一种深知人情世故的体贴，让人感到温暖。

在我们的日常生活中，这种关注他人感受的态度和体贴也是非常重要的。

我们在面对别人的请求时，有两个方面的考量：一是"出于利益做出的决定"，另一个则是"不仅出于利益做出的决定"。如果提出请求的人态度傲慢或者高傲，即使是对被请求人有利的事情，也可能会被拒绝。相反，如果提出请求的人态度非常礼貌并充满诚意，即使自己会因此做出一些让利，也可能被对方的诚意所打动而接受请求。人与人之间就是存在着这样微妙的心理，这种心理不是逻辑可以解释的。

因此，在请求他人帮助时要充分意识到这两种心理的作用，在此基础上采取行动。通过这样深谙人情世故的行为方式，我们才能拥有更为和谐的人际关系。因此，我们在日常生活中要时时反省，反思自己在过往的生活中有没有意识到人情世故，并在今后的生活中加强努力。

积累日常经验

　　人生的体验不仅限于大成功或大失败之时，在平稳的日子里，根据心态的不同，也可以积累丰富的日常体验。

　　我们经常说"百闻不如一见"。这句话的意思是相对于从别人那里听一百次对某件事或某个物品的描述，不如亲眼看一次更能理解。然而，有时候即使亲眼看到，也很难理解事物的本质。

　　例如，看到盐，我们会感慨："啊，原来盐是白色的，是这样的东西。"这些表面的东西是可以通过亲眼看到理解的。但是，盐的咸味是即使想多久看多少次也理解不了的，还是要自己亲口尝一下才能明白。只有通过亲身体验才能理解物品的本质，这就是"百闻百见不如一次体验"。

前辈或年长的人之所以受到尊重，也是因为他们在长期的经验积累中，获得了不同于其他人的洞见和判断力。从这个意义上来说，即使年龄增长，如果没有积累足够的经验，也无法真正变得更加成熟。

什么是积累经验呢？是指拥有大成功或大失败，还是某些特别的经历吗？

当然，这样的体验是很宝贵的，我们可以从中学到很多东西。但是，即便不是那种特别的、重大的体验，我们也可以积累经验。在日常平静的生活中，只要我们有正确的心态，也可以积累很多经验，这些日常经验也很重要。

例如，在每天的工作中，即使"这次做得很好"也可能会有"有点过头了，不好吧"或"虽然没有失败，但可能有更好的方法"等情况。在日常事务上经常反思，这也是一种宝贵的经验。如果我们能认真思考每个工作中的小成功和小失败，即使是在平静的日常生活里，也可以积累各种各样的经验，这些都将成为我们人生的精神食粮。

这些微小的、看不见的日常生活中的经验，可以说是心灵的经验。

除了外在看得见的成功和失败经验外，我们每天经历的这些心灵的经验，在今天这样一个快速运转的时代里，也是非常重要的。

长处和短处

我们不能沉迷于自己的长处，也无须对自己的短处产生自卑感。长处和短处都是我们与生俱来的个性和特点。

我们人类并非神灵，并不存在所谓完美无缺、全知全能的人。尽管程度上会有所不同，但我们每个人都具有长处和短处。人们有时会对自己的优点引以为傲，悲叹自己的缺点，被优越感和自卑感束缚住。

但是，细细想来，这些所谓的长处和短处是绝对的吗？值得我们这样深陷其中吗？好像并非如此。因为在我们的日常生活中，长处有时会转变成短处，而短处也有可能变成长处。

在经营业务的这么多年里，我见过很多企业家。在他们中间，我经常看到这种情况。有些企业家知识渊博、口才流利、精力旺盛，被称为"全能型人才"。按理说，如果这样出色的人才成为企业家，公司当然会得到发展。但实际上，并不一定如此。

事实上，一些看上去没有突出优点，甚至相当平凡的经营者的公司却往往发展迅速，经营良好。

我对此感到很好奇，仔细想来，应该是因为经营者将自己的长处变成了短处，而短处则变成了长处。

　　拥有丰富知识和技能的人通常可以做任何事情，并且知道自己在做什么，因此他们往往自认为不需要再听取下属的意见。不仅如此，甚至在下属提出建议时，他们也会不假思索地否决掉——"那种事，我也懂啊"这样的言论司空见惯。长此以往，下属不再发表意见，而只是在工作中遵循"命令"，这样做的结果就是使人的主动性受到压抑，也无法集结众人的智慧，显然是不能实现强大发展的。

　　更有甚者，这样的经营者往往对下属的工作表现感到不满，因为他们认为自己可以做得更好，也就不再把工作委派给下属，或者即使委托，也会事无巨细地插手干涉。

这样下去，下属会失去工作动力，优秀的员工无法得到成长，公司的发展也将受到限制。

而一个看起来平凡的企业家的公司之所以得以长足发展，是因为他拥有与所谓优秀企业家不同的做事态度。不是什么都自己决定，而是仔细听取下属的意见，寻求他们的建议后分派工作任务。这样一来，所有人的积极性都能得到提高，也能做到集聚众人智慧，这样整个公司的综合力量就能被充分发挥出来，这才是我们追求的企业经营方式。

由此可见，优点转化成缺点，缺点则转化成优点，这不仅限于企业经营，也可能存在于我们日常生活的方方面面。

（经典版）　（珍藏版）　（口袋版）

中国销量突破 **600** 万册

稻盛和夫将其多年心得以质朴的文字娓娓道来，企业经营者可以从中领会企业发展之路，而普通人亦将感受到高境界的为人之道。

右侧竖排（出版社信息）：

东方出版社
The Oriental Press

稻盛和夫项目组

图书目录（2023.10）

稻盛和夫经典著作

销量40万　销量50万　销量100万　销量5万

❶《活法》（经典版）
❷《思维方式》
❸《稻盛和夫自传》
❹《稻盛和夫的哲学》
❺《提高心性 拓展经营》

销量50万　销量45万　销量8万　销量8万　2023 新书

京瓷哲学：人生与经营的原点》
稻盛和夫的实学：经营与会计》
稻盛开讲 5：六项精进》
经营之心：助力企业的"心"领导》
燃烧的斗魂》

稻盛哲学实践案例

23 新书

（平装）（小开本精装）

然不凡》

是一部企业文化探索的建设史，一部"经营学"的实践史。是国内稻盛经营哲学成地的著作。

天赐予的粉色鞋子》

盛和夫评价："德武产业热衷于帮助别人，非常伟大的企业。"本书记录了德武产业者坚持相信，践行稻盛哲学后将赤字企业高收益企业的过程。

日航的奇迹》

盛和夫亲自推荐。记录了日航重建的全过程，大读者展示了一个践行稻盛哲学的鲜活案例。

挑战者"稻盛和夫》

家再现稻盛和夫是怎样从白手起家，打造世500 强企业京瓷和 KDDI 的全过程。

《稻盛经营哲学解析与导入》

轻松了解稻盛和夫经典作品《京瓷哲学》，并建立自己的哲学。让稻盛哲学中国化，真正助力中国企业成长。

《德是业之基：当代日本经营之圣稻盛和夫的经营哲学》

稻盛和夫演讲稿、中日企业家学习稻盛经营哲学的心得体会、知名学者对稻盛哲学的研究评价，国内较早正式出版的传播稻盛哲学的专著再版。

《爱法：爱是一切教育的灵魂》

讲述的是吴安鸣创办行知教育的艰辛历程，阐释稻盛经营哲学如何运用在教育企业中。让读者近距离认识行知，见证一段真实的中国职业学校的成长史。

曹岫云著作

领悟稻盛和夫哲学真谛，学习中国传统文化精髓

告诉你如何用稻盛哲学与王阳明心学解决工作、生活中的难题。

"稻盛哲学"的深度解读！日航重新上市的再生之道！

全方位地了解经营之圣稻盛先生的传奇人生经历和经营哲学。

稻盛和夫套装作品

① 《活法全集》（优惠装）
② 《稻盛和夫的实学》
③ 《稻盛和夫的"活法"》

精选作品集（口袋版）：口袋随行 经典留心

　　口袋书系均为重点作者的代表作，更是深受读者喜爱的内容。用料考究，精心甄选高级皮革封面，典雅大气，长久如新。手掌大小，方便随时阅读，自己收藏、馈赠亲朋的佳品。

稻盛和夫、松下幸之助　助力解决人生与经营困惑的经典全集

写给全世界孩子的书

《与年轻人谈稻盛哲学》：让年轻员工与经营者共享稻盛哲学，实现高收益企业

《活法青少年版：你的梦想一定能实现》：稻盛和夫送给全世界青少年的一本书

《培育孩子的美好心灵》：《活法》亲子实践版，稻盛和夫教你引导孩子拥有正确思维方式。

《打动人心的100个经营智慧》

本书收录了100篇以日本经济界知名人士为主的访谈录，全面讲述了日本企业兴衰沉浮的历史。日本遭遇的两次经济危机给日本企业带来的痛苦教训以及从危机的泥潭中逐渐解脱出来的成功经验，对我国的企业很有参考和借鉴的价值。

《稻盛和夫经营哲学50条》

作者皆木和义作为盛和塾原东京负责人，结合自身经营企业的实践，形成50条干货满满的心得体会，帮助企业走出困境。你只要做到其中一条就能成为稻盛和夫。

这样想来，我们不应该拘泥于他人的优缺点，而应该尊重每个人的天赋和特点。

尽管每个人的优缺点各不相同，但它们应该被视为每个人的天性。在我们人类眼中的优点或缺点，可能会让你感到欣喜或失望，但如果站在上帝角度来看，就如同每个人的长相不同一样，并没有好坏之分。

当然，因为自己的缺点产生自卑感，或者因为自己的长处而产生优越感，都是人类天生的自然情感。从这个角度出发，我们更应该努力发挥自己的长处，积极改正自己的短处。

但是，我们应该以更开放的态度看待自己的长处和短处，不要过分纠结于此，而是应该尽可能利用自己的特点，这才是更重要的。

既兼听又坚持

感到迷惘时，就试着向别人寻求意见。坚定自己的内心，素直地倾听他人的意见，就可以踏上坚实的人生之路。

我们在日常生活中经常会有各种各样的迷茫时刻，比如，在工作上，会怀疑自己是否适合这份工作，会迷茫该怎么处理新工作，等等。此外，对于年轻人来说，未来的职业方向和婚姻问题也可能成为烦恼的来源。从左右人生命运的重大决策，到日常琐事的选择，生活中处处都是需要我们做选择的事情。

在人生的每一个十字路口，如何做出正确的选

择是非常重要的。在这种时刻，一个好的方法就是
向他人寻求意见。可以请教朋友、家人、老师、上
司、前辈等熟悉自己的人，广泛听取大家的意见往
往可以帮助我们逐渐明确具体的方向。

我自己也曾努力向他人寻求意见，特别是在遇
到自己不明白的事情时。自从跟妻子和内弟一起创
办作坊工厂以来，无论是否是一个新的工作挑战，
时常会遇到自己一个人无法做出决断的事情。这
时，我会向第三方说明情况，并询问他们的看法。

于是，我会听到各种意见，比如"松下君你是
做不到的"，或者"按照你现在的力量，你能做到，
应该尽力去做"，又或者"现在不是合适的时候"，
等等。如果我立刻理解并认同了他们的意思，就会

照此去执行。但有时候，我可能没有完全明白。在这种情况下，如果我再去问别人，他们会从不同的角度给出意见，我会综合参考这些意见后得出自己的结论。

这只是我的个人体验，无论在什么情况下，当我寻求意见时，人们经常会说："你问得好，我一直想告诉你这个，我认为你应该这样做。"因此，我们应该毫不犹豫地寻求别人的意见。

但是，必须牢记，在这种情况下，一定要坚定自己的内心，用素直之心倾听他人的意见。如果没有坚定的内心，可能会认为对方说的都是正确的，每次听过之后反而感到更加迷惑。另外，如果囿于私心不能坦诚地听取他人意见，可能会只寻求符合自己利益和形象的意见，那就失去了询问的意义。

这种态度不仅适用于询问别人意见的情况，也适用于阅读书籍和观看电视等情况。知道了某种解决问题的方法后去试着践行，但由于每个人的天赋和个性不同，同一个方法不一定适用于所有人。每个人都有自己的方式，因此，我们必须先正确地了解自己的想法和性格，然后再将他人的做法作为参考。

一个人的智慧和才能是有限的，因此在迷茫时更需要积极地借鉴他人的智慧。我们不能故步自封，也不应该固执己见。同时，我们也不应该被他人的意见轻易地带偏。对于他人的意见，取其精华，去其糟粕。虽然把握好这个度比较困难，但如果我们能够做到，我们的人生道路会更加坚实可靠。

工作与命运

如果凡事仅凭个人意志行动，就很容易产生动摇。因此，我们也应该关注一些个人意志之外的东西。

我二十二岁时，在大阪电灯公司工作。那时，我想制造电器设备——并不是像今天的电视或洗衣机那样复杂的设备，只是一些小型插座而已——于是，我决定创业自己干。虽然看起来不值一提，但这是我自己决定的事情，是我选择了这条路。

现在回想起来，我觉得那并不是唯一的原因。尽管决定确实是我自己做出的，但有些其他的因素促使我做出这个决定。

例如，当时的社会状况可能就是其中的一个因素。如果我早生二三十年，我可能不会考虑制造电器设备。此外，还有我的健康状况以及所处的环境等，对我的决定和选择也产生了巨大的影响。如果我身体健康，父母也健康，两个哥哥也没有早逝，那我很可能会选择完全不同的道路。因此，我的决定并不仅仅是基于个人意愿，还有一种命运的力量在起作用。

人类无论在何时何地出生，都应该能够适应当时的时代特点生存下去。然而，从事某种特定的工作，还是需要在适当的时代出生才能做到。人类一方面可以用自己的意志追求自己的道路，但另一方面也会被其他力量驱动，这是无法否认的事实。我们需要了解这个客观事实，并充分利用这种隐形的巨大能量。

如果认为凡事只是凭借自己的意志行动，在发生某些具体事情时就很容易产生动摇。然而，如果认为自己是被更大的力量所驱动，就会感到安心，不过度焦虑和动摇，也会更容易地顺从命运。

个人意志和个人能力当然是很重要的。但是，人心随时在变，看待和思考事情的方式也在变。因此，如果凡事仅仅依靠个人意志，往往会产生迷茫、不安和动摇。

因此，走自己的道路很重要，但同时也要秉持一种放下或顺从的态度，或者说顺势而为。如果能保持这样的生活态度，在漫长的人生中即使面临各种问题和困难，也不会有激烈动摇。虽然可能还是会为个别问题而苦恼，但不会因为大问题而陷入煎熬，甚至最终否定自己的存在。我想，我之所以能够在这条路上专注地走过这六十多年，其中一个重要原因就是我有这种命运观和看待问题的方式。

热情和诚意

知识、智慧和才能都很重要，但最重要的是热情和诚意。有了这两点，任何事情都能够做成。

以前我听说过这样的事，在销售生命保险、火灾保险等保险的推销员中，业绩最好的保险员和业绩最差的保险员之间的差距高达 100 倍。

听到这个事时，我感到非常惊讶。为什么同样工作在同一家保险公司，销售完全相同的保险，却会有如此大的差异呢？这可能有很多原因。例如，一个人的性格可能会产生影响，对保险知识的掌握，或者说话方式也可能是一个重要原因。

然而，仔细想来，这些因素都无法解释为什么一个人可以取得其他人百倍的销售额。从我的经验来看，根本原因很可能是对待工作的心态差异。也就是说，取决于他们对待工作的热情和诚意。对工作充满热情和诚意的人会不断地尝试不同的方法，思考各种有效的方法，例如"这样做怎么样？"或者"下次试试用这种方法跟客户交流"。同样是说明一件事，对工作满怀热情和诚意的人讲话礼数周全，自然，充满热情和干劲儿。

当然，这种热情和诚意源于一种信念，即坚信自己卖的保险对于顾客是有用的，对顾客是有好处的。唯有这种态度才会打动客户的心，让客户产生"如果要买同样的保险，我想和这个人签约"的想法。这种对待日常工作的态度之差表现出来的就是销售额的百倍差距。

我自己也深感热情和诚意的重要性，并不断地
自我反省，检查自己是否在这方面有所缺失。实际
上，我认为仅就对经营的热情和诚意而言，我不输
给任何人。因此，即使学识不足，身体不好，甚至
也没有什么特长，但是我可以让那些比我更有知识
和才能的下属为我工作，并取得成功。因此，我常
说："社长这个职位必须拥有的最重要的东西是热
情和诚意。如果社长拥有这些，员工会感受到它，
有知识的人会提供知识，有技能的人会提供技能，
大家各自发挥自己的长处，共同努力工作。"

这不仅适用于身处负责人职位的人，也不仅适
用于工作场所，在人生的各个领域中，热情和诚意
都是成功的关键。举个极端的例子，即使是语言不
通的人，如果他有强烈的热情和诚意，他一定会进

行笔谈或者运用手势想方设法地达成目标。这种真诚的态度能够打动人，引起别人的共鸣，一定会有合作伙伴出现。事情不就是这样完成的吗？

运用学问的能力

学问只是人类的工具。我们要意识到自己是运用学问的主体，不要被它束缚。

我从小就没有接受过所谓真正的知识教育。我九岁时就开始在大阪的商店里做学徒了，那时我才读小学四年级，后来也没能继续上学。当然，这并不是因为我自己想要辍学，相反，我想去上学的愿望比别人更强烈。

我现在还清晰地记得，在我做学徒的店铺对面住着一个年龄和我差不多的孩子，每天早上，在我打扫店铺时，那个孩子穿着学生制服去上学，我看到他的样子非常羡慕。所以，如果可能的话，我也想去上学。但是，家庭的情况不允许我这样做。

但是，现在回想起来，我不能学习那些书本上的东西可能反而帮助了我。

这是什么意思呢？我开始独立创业后，雇用的员工越来越多，这些员工都比我出色。我没有受过很多教育，也没有太多学问。相比之下，那些为公司工作的员工都接受过良好的教育，拥有丰富的知识。因此，我很自然地尊重那些员工，并由衷地认为他们比我更伟大。

因此，我能主动倾听员工的意见。员工们也会根据我的态度，充分发挥自己出色的智慧和才能，这样我们才能汇聚所有人的力量，实现集合集体力量的管理，这成为公司稳步发展的一个重要因素。

当然，这并不意味着学问不重要。相反，学问非常重要，这一点毋庸置疑。由于许多先人在各种学问上付出的努力，我们人类社会才得以进步和发展。今后，学问会越来越重要。

然而，我认为随着人们对学问重要性的认知越来越清晰，更加重要的是应留心别被它束住手脚。因为学问很重要而被其束缚，认为没有学问就什么也做不了，这是很不好的现象。虽然拥有学问很好，但是即使没有，也照样可以找到适合自己的生活方式。这种灵活的思考方式，才是最重要的。

从最近出现的各种社会现象来看，大家似乎忘记了这一点，以至于被学问束缚，甚至深受其害的情况并不少。

学问或通过它获得的知识只是我们生活的工具，如果正确使用，可以发挥很大的作用，但如果使用不当也会造成严重的负面影响。有时，因为学问的存在反而导致自己的毁灭。

因此，我们必须认识到学问和知识只是工具，不能被其束缚住，而应该正确地运用它们。为此，我们必须成长为能够驾驭和使用这种工具的人，而在这方面我们明显还存在不足。

现在，社会越来越高学历化，许多人都能进入高等学校接受教育了，这时更应该清醒地认识

到，不被学问所束缚的重要性以及正确利用它的重
要性。

与疾病共存

　　害怕并躲避疾病，疾病会紧紧地跟随你；与疾病友好相处并积极接近它，疾病反而就逃跑了。

　　健康，对于工作和其他方面来说都非常重要，可以说是每个人都希望拥有的无可替代的宝藏。然而，世界并不总是按照我们的意愿发展。事实上，许多人因为健康问题而躺在病床上。

　　对于这样的人，我想根据亲身经验谈谈自己的看法。"即使感到不安，也不要逃避疾病。如果害怕疾病并远离它，以后会一直深受其影响。反过来，如果学会与疾病和睦相处，最终疾病也会给你颁发毕业证书。"我之所以这样说，是因为如今已经九十岁的我就是靠着这样的心态幸运地坚持下来的。

二十岁左右的时候，我曾经在电灯公司工作。一个夏天，从海滩回来的路上，我突然吐出了一些带血的痰。我立刻去看医生，他说："你得了肺尖黏膜炎，需要休息半年左右，最好回故乡静养。"但是，那时我的父母已经不在了，回到故乡也无家可归。而且，当时的薪水是按日计算的，没有像现在这样的保险制度，如果休息了，很快就会陷入吃不上饭的困境。

当时，我已经没有其他的选择，生病仿佛是命中注定，只能尽可能地养生。于是，我每工作三天就休息一天，每工作一周就休息两天，一直持续这样的生活方式。幸运的是，病情没有恶化。医生曾经说过，如果不好好保养，存在死亡危险，但奇怪的是，病情没进一步发展。从那以后，我的病情一直时好时坏，但在第二次世界大战后，我的身体莫名比年轻时更健康了，并一直保持着健康活力，直到今天。

为什么会发生这样的事呢？我想，是当我生病的时候曾下定决心："如果这就是我的命运，那也无可奈何，我只能接受它。"这样做可能是正确的。所以，如果生病是我们的命运，那就不要反抗它；相反，应该积极地与疾病相处，将它视为上天赐予我的修炼机会，努力去对待它，这样做很可能会产生好的结果。

仔细想想，健康当然最好，但生病并不一定会让人不幸。在这个世界上，有些人因为生病反而能够更好地了解人类的感情，并变得更幸福。相反地，有些人过于依赖身体的健康，反而变得不幸。

因此，当我们生病时，重要的是不要轻易乱了自己的心智，认为这是不幸的、悲伤的事情，而应该以积极的心态，感恩疾病给我们提供了一个好的修炼机会，并积极地与病痛相处，不是吗？我想，这也是治愈疾病的捷径之一。当然，这只是我自己的做法，可能不适用于每个人，但我希望这能成为大家应对疾病的一个参考。

消除烦恼

我们作为人类，本来是没有困扰的。如果有烦恼的话，那是因为我们自己被某种观点束缚了。

每个人都在日常生活中有一些烦恼，如身体不好、失恋、人际关系不佳、在工作中犯了大错等。每个人都有各种各样的烦恼，这些烦恼可能会导致失眠等问题，有些人因为烦恼而失望甚至绝望自杀。这种不幸的烦恼是怎么产生的呢？

当然，情况各有不同，不能一概而论。但总的来说，这些烦恼往往是因为我们只看到事物的一面，并深陷其中而产生的。

我自己在某种程度上也比较情绪化，以前在很多事情上都曾反复烦恼，甚至每天都充满了烦恼和不安。我常常会看着别人而自卑，怀疑自己的工作是否能做得好，然后陷入焦虑。回想起来，我发现每当陷入烦恼时，自己往往只看到了一种观点或想法，并陷入了这种固定的思维模式。不同的是，虽然我一直处于这种不安的状态，但我并没有完全沉迷其中。如果我是一直处于不安的状态，早就在精神和身体上崩溃了，也就不存在现在的我。

这种时候该怎么办呢？我们需要从固化观点中跳出来，尝试从另一个角度来看待问题，这样就可以克服内心的不安和情绪的波动。举个例子，当我们雇用的员工数增至五十人左右时，曾发生过这样的事情。

大家都很努力地工作，但其中一个人做了一些坏事，我对此深感困惑，不知道该解雇他还是让他留下来，这让我夜不能寐。

然后，在经过反复思考之后，我突然想到一件事。那就是，现在在日本有多少人在做坏事。如果有 10 万人因违反法律而入狱，那因轻罪而逃避追究的人可能会是这个数字的 5 倍或 6 倍吧。然而，这些人并没有被驱逐出日本。那个时候是第二次世界大战前，天皇还被视为神一样的存在。所以，即使有皇室的力量，也无法完全消灭做坏事的人。虽然把那些犯下重罪的人关进了监狱，但不那么糟糕的人还是会被允许留在国内——这就是现实中的日本。如果这样想，那么，作为一个工厂，只雇用好人来工作就显得太虚伪了。即使有皇室的力量，也无法做到天下太平，我只是一个小工厂的老板，就更不应该这么想了。

这样一想，我的烦恼瞬间消失了，我决定原谅那个人。从那时起，我开始勇敢地雇用员工。

诸如此类的事情，我经历过很多。在我个人的经验中，日常的烦恼、内心的不安和斗争往往促使我重新考虑问题，而这经常会在日后产生一种积极的影响。

想想看，在如今瞬息万变的社会环境中，面对接踵而至的新情况，不可能毫无烦恼和不安。苦恼和挣扎本来就是人类天性中的一部分。但是，仅仅困于不安和动摇，而不去思考解决之道是无济于事的。我们应该共同努力，在出现烦恼和不安时，勇敢地去应对，积极地面对各种不同的想法，而不是固守成见。因为，事物有多种不同的面，看似消极的事情也可能有相应的积极面，这是正确的处世心态。所以，我们应该积极寻找摆脱烦恼和不安的方法，并从中积累经验。我们要正确地认识烦恼，清醒地认识到人类天性中不可能没有烦恼，也要认识到，烦恼是我们对事物固有的看法造成的结果。所以，面对烦恼时，我们应该自我反省，这才是消除烦恼的最重要方法。

坚持和耐心

成功就是持续不断地努力。当你足够坚韧，持续努力时，形势将好转，通向成功的道路会随之开启。

做什么什么不顺；尽管非常努力，结果却很不理想。在漫长的人生中，有时我们会遇到这类困境。

在这种情况下，重要的是坚定自己的志向并坚持努力。事情往往不会一帆风顺，那只是极少数，只有坚韧不拔，默默地持续努力，才能获得相应的成果。

在我二十二岁开始独立制造和销售自己设计的

插座时，也是这样的情况。我花了约四个月时间制造出了插座，但销售额却不到十日元。我甚至无法继续工作下去，不得不考虑生计问题。如果当时我放弃了这份工作，今天的我和松下电器这个公司都不会存在了。然而，这项工作是我深思熟虑后下决心做的，我无论如何都不能放弃它。在那样艰难的生活中，我不断努力改进产品，以期制造出更好的插座。就在我陷入困境之际，一笔意外的订单给了我重生的机会，对方委托我制造一种电风扇的零部件——绝缘底盘。正是这个订单拯救了我，使我摆脱困境，并让我的企业有了起色。

在之后的人生中，我经历了许多类似的困境。也许，事情都是在这样的曲折中成就的。即使最初没有取得预期的成果，只要有韧劲儿、能坚持、持续不懈地努力，事情终将出现转机，赢得出人意料的成果。很多时候，自己持续努力的状态能引发外界共鸣，带来援助，开拓成功的道路。

因此，无论做什么，一旦下定决心开始做，就不能轻易放弃，即使遇到一些挫折或失败也要坚持下去。有时候即使失败或受到打击，也要坚持不懈、持续努力，只有这样才有可能成功。在我们周围的失败案例中，很多都是因为没能坚持到最后而失败的。如果今天放弃，明天的成功就绝不可能发生。

当然，尽管坚韧和坚持很重要，但不能一味地固执己见。不能沉迷于一件事物而忽略了自然法则，一直努力朝着错误的方向努力，即使再怎么坚持不懈，也不会取得成功。

　　只要是走在正确的道路上，一旦下定决心，就决不能放弃，直到最后走向成功。成功就是持续不断地努力，这是我们需要时刻铭记在心的，这也是实现更好生活的一个重要秘诀。

自我观察

我们要正确认识自己的能力和才能。为此，要像观察其他人那样从外部冷静地观察自己。

为了拥有充实的人生，清醒地了解自己，正确地把握自己拥有的特质、才能和力量，是一件非常重要的事情。如果能正确地把握自己，就不会自卑或自负，就能正确发挥自己的特长和能力，就有可能走向成功。

例如，有一个商店老板，如果他不知道自己的力量或才能，就很难有认真做一件事的信念，反而会过于在意其他人的事情。比如，看到邻居翻新店面，自己也要试试；看到那家店雇用了很多人，自己也想照搬。这样一番操作之后，结局往往是看着其他店成功，而自己一事无成。为什么会如此呢？这是因为他被其他人影响，做了与自己的能力和才能不相符合的事情，或者说迷失了自己的本心。如果这样的事情经常发生，最终可能导致店面倒闭。

然而，如果那位店主正确地把握住了自己的本心，就能做到采取适合自己店铺的营业方法，例如"如果那家店这样做，我们就这样做"，就可以让店面繁荣起来。当然，即使正确地掌握自己，如果不采取相应的行动，也无法做好自己的生意。但是，如果能清晰地意识到自己的力量和才能，并努力付诸实践，很可能就能赢得成功。

然而，了解自己是一件相当困难的事情。虽然自己是最了解自己的人，但实际上，我们常常会忽视自己的优点，或者过高地评价自己的实力。

但是，无论多么困难，我们都必须努力正确地了解自己。那么，我们应该如何做呢？

关于这一点，我一直在自己身上实践并向他人推荐"自我观察"的方法。以一种与他人交流的态度来冷静地从外部观察自己。换句话说，让自己的思维暂时从个人视角跳出来，站在局外人的角度来观察自己。

虽然实际上无法将自己的思维完全从个人视角跳出来，但可以以一种仿佛已经摆脱了个人思维的心态，客观地观察自己。这就是我所说的"自我观察", 通过这种方法, 我们可以相对准确地了解自己。

有一首诗中说"不识庐山真面目, 只缘身在此山中"。也就是说, 登山者无法看到山的全貌, 只能看到山上的洞和石头。只有离开山, 从远处眺望时才能看清山的全貌。同样, 我们在认识自己时也是这样的。

其实, 在日常生活中, 尽管是无意识的, 我们也在做着各种各样的自我观察。例如, 当我们沉迷于讨论或工作时, 如果突然意识到自己正在做的事情是错误的, 我们就会进行自我纠正。我们之所以能做到这一点, 也是因为能像观察别人一样地观察自己。时不时地有意识地进行这种观察非常重要。

通过自我观察，虽然不可能完全做到如旁观者一样冷静客观，但是我们可以在一定程度上正确地了解自己的才能和实力，从中找到真正能够发挥自己能力的方法，探寻自己走向成功的道路。

没有无用之物

　　所有存在于这个世界上的东西，对于人类生活都是有用的。基于这个认识，我们应该努力使每一件物品都能够充分发挥它的作用。

　　近年来，科技进步日新月异，新事物层出不穷，这是以前难以想象的。在这样飞速发展的时代，我们作为使用这些新事物的人，必须比以往更加提高我们的智慧。否则，由科技的进步和文明的发展所带来的宝贵新事物最终很可能无法得到充分利用。

　　人类为了自己而制造的事物自不必说，所有存在于这个世界上的东西，对于人类生活都是有用的。没有绝对无用的东西，这才是事物的本来面目。

但是，这并不意味着我们人类现在已经能够充分利用所有的事物。今天，我们周围有许多被视为无用或者有害的东西，并因此而被丢弃。但是，我们可以通过人类的智慧将其变废为宝。事实上，人类的历史就是逐步地利用自然万物的历史。

例如，过去青霉素被认为是有害于人类的东西，但现在却被广泛应用于治疗疾病。

另外，煤炭和石油，在过去人们只认为它们是黑色的石头或黑色的液体。但随着时代的发展，它们被视为能源并得到广泛应用。此外，它们还被广泛地应用于化学制药和塑料等领域。

这些变化都是因为科技进步和人类智慧的提高。

因此，在未来，我们也很可能会不断利用那些现在被抛弃和忽视的东西来提高人类的生活水平。在"这个世界上所有的东西都有用"的认知下，我们每个人都有一项重要的使命，那就是尽可能地利用更多的东西来创造更美好的生活。这就是科技等学问存在的意义。

然而，最近我感觉这种基本认知和思考方式有些薄弱或者过于消极了。为什么呢？这是因为在今天的社会中，一件好东西被发明出来，只要有万分之一的缺陷就会被视为不好的东西。其实，只有一处缺陷而其他九千九百九十九处都是好的，只要修复这一处缺陷就可以了。但实际上，人们往往会因为一处缺陷而否定整个物品。因此，很多好东西无法被充分利用，这是一种很不好的现象。

就像冬季美食河豚，如果人们因为它有毒而害怕甚至躲避它，就无法品尝到它的美味。但是，我们的先人积极探索哪里有毒，如何烹饪才安全，并进行了各种研究。所以，我们今天才能安心地品尝到河豚的美味。

此外，河豚毒本身也可能在将来被利用。实际上，在医疗领域已经进行了相关研究，如果这项研究成功，河豚不仅是美味和珍贵的，它的毒性也将变得更加有用。

由此可见，在科学技术不断进步的今天，我们应该比昔日成功地安全烹饪河豚的前人更加明确地意识到世上没有无用之物，积极地利用所有东西，并努力使它们真正发挥作用。

在日常生活中，我们必须努力培养和提高自己的智慧，积极利用身边一切东西并发挥其效用，这是我们人类的一项重要任务。

与每件物品的心灵交流

我们要正确认识每件物品的价值，并做出相应的合理处置。这才是真正的使用之道。

正如前文所述，所有存在的物品对人类的生活都是有用的。因此，在这一基本认知下，我们应该努力使每件物品都能得到充分的利用。

为此，我们具体应该怎么做呢？是否存在相应的诀窍？

关于这方面，我曾听过一件有趣的事，是关于坂田三吉的。

相信很多日本人对坂田三吉都不陌生。明治初期，他出生于大阪的堺市，虽然不会阅读和写作，但通过自学，达到了将棋八段的水平。他去世后被授予名人位和王将位等称号，是一位将棋大师。

在以坂田三吉为原型创作的电影《王将》中有一个场景，主人公指着一枚未能被充分调动的棋子喃喃自语："银（'银将'棋子）在哭泣。"听他这么说，我的兴趣被激发起来，意识到名家的想法确实有所不同。

当然，将棋是一种遵循特定规则的游戏，在移动一枚棋子的同时需要将对方的王困住。因此，要赢得将棋比赛，需要了解每个棋子的特点和特性，并尽可能地发挥它们的特点，在任何情况下都能够做到这一点的人被称为名人或高手。

像坂田三吉这样的高手，很可能在每一次对弈中都会在这一点上花费心血。因此，在他眼中，那些将棋棋盘上无法发挥自身特点的银将棋子看起来就像在悲伤地哭泣。

换句话说，"银在哭泣"这句话是坂田三吉发自内心的感慨，他在努力思考如何用好未被充分调动的棋子，务必想让它的特点得到发挥。在那一刻，他似乎真的感觉到棋子在向他悲切地诉说。

当然，我的将棋技艺不高，仅仅是知道如何移动棋子的水平。因此，自行解释坂田三吉这种大师，实在是不胜惶恐。

但是，结合自身经验来看，我认为这种解释未必是错误的。坂田三吉对于无声的棋子都充满真挚情感的这种态度，不仅在将棋上，在我们日常生活的各个方面都是必要的。

在我的过往工作中，也有感到新制作的试验品似乎在跟我交流和呼唤的少数经历。这些情况往往发生在我全心投入工作时，每次听到这些无言的物品发出声音时，我都感觉到自己能够将这些试验品制作成真正好的商品。

也许，这个世界上所有的事物都像将棋棋子一样，拥有独特的特性和特质，都在等待着能够对我们的生活有所帮助。我们需要正确地认识每件物品的特性和价值，根据其价值给予适当的处理，既不轻视，也不过度使用，才能真正地充分利用这些物品，并实现我们生活的更大进步。

为了不让物品失去其生命力，我们应该像坂田三吉一样，全心全意地对待物品，努力使它们得到充分的利用。

每个年龄段的独特风格

人类在每个年龄阶段的风格各不相同。我们要尊重每个年龄段的差异性，并发挥每个年龄段的特点。

从六十岁开始，我变得容易疲劳，经常感觉体力不支。从那时起，虽然我自认为还很有活力，但深切意识到年龄无法抗拒，不禁思考人类随着年龄如何变化。

首先是体力。体力最充沛的时期是十几岁末到二十多岁之间。这当然是我的主观判断，但大约三十岁以后，我感觉自己已经开始走下坡路了。

例如在相扑界，如果没能在三十岁之前成为横

纲①，以后也很难有所突破。当然，即使在年轻时成
为横纲，也难以一直保持这一地位。因此，我认为
体力巅峰在三十岁左右。

那么，智力方面呢？我个人感觉，智力的最高
峰并不在三十岁时，而是四十岁左右。

当一个人过了四十岁，智力逐渐衰退，这是人
类一般的情况。当然，每个人都不同，所以也会有
例外，但总体来说，这个观点是被大家认可的。

还要特别说明一下，如果说过了三十岁体力开
始衰退，过了四十岁智力开始衰退的话，那人类在
超过四十岁后是否就无法保持自己的地位或者胜任

_____

① 日本相扑力士的最高级别。——编者注

工作了呢？并不是这样。实际上，更多的人在四十岁以后担任更高的职位，从事更出色的工作。

为什么会有这种现象呢？我想，这在很大程度上取决于我们的社会构造。因为这个人是前辈或者经验丰富等原因，所以他们会得到许多年轻人的支持或尊重，这就使得这个人在职场上得到更高的地位，从而获得负责更重要工作的机会。

实际上，即使在五十岁或六十岁时，仍然有很多人从事需要相当智力的工作并取得了一定的成果，但这是因为他们得到了年轻人的全面帮助或者合作才做到的。如果仅仅凭借自身的智力和体力，六十岁的人还是会比四十岁或三十岁的人差一些。

这就是我们这个社会有趣的地方，类似于相扑的个人综合实力虽然没有明显呈现出来，但正因为如此，才更能体现其奇妙有趣的魅力。在我们的人生中，对这一现象的认知是很重要的。

例如，五六十岁的年龄担任社长这样重要的职位，并且在工作中表现出色的人，应该认识到，这不是仅仅由他一个人的力量创造出来的业绩。毫无疑问，这是由他的下属，也就是三四十岁的年轻人的合作，和他们自己的经验结合后创造出来的成绩。我们整个社会应该认识到这一点。

当然，三四十岁的人也应该知道，他们的力量可以更好地发挥，是因为他们得到了拥有丰富经验的前辈的指导。同时，他们也应该考虑到自己迟早也会变老，将来也会站在与前辈们相同的位置上，因此应该抱着谦逊学习的态度。

因此，尽管年龄不同，每个人在丰富的经验、渊博的知识和强健的体魄等方面都有不同的优势，老年人和年轻人应该互相尊重彼此的年龄差异，并发挥各自的优势，这样才能创造出更强大的社会力量。

女性和职场

男女具有不同的特质和社会角色。正确认识到这种差异性，并发挥各自的社会作用，才是真正的平等。

最近经常听到男女平等之类的话题，提供给女性的职业也比之前多了很多。这种变化非常有意义，也是一件好事。

不过，平等并不是所有人都应该拥有完全相同的一切。每个人都具有独特的天赋和特质，平等意味着这些特质应该被平等赋予，而不是每个人都拥有相同的特质。因此，男女平等，也不是要男女之间完全相同地思考和行动，而是要让男女各自发挥自己的特质和社会角色。

事实上，男性和女性的特性和角色是不同的，这在日常生活中也很明显。

无论是男性还是女性，一辈子独自生活都不是人类本来的生活状态。虽然有些人可能因为某种原因选择单身，但这是少数例外。通常情况下，男女会作为夫妻生活在一起，这是人类本来的生活状态。

这种情况下，夫妻之间，拥有生育和育儿自然特质的女性和没有这种特质的男性，在角色分配上会有所不同。也就是说，男性主要负责外出工作，女性则负责料理家务和照顾孩子。夫妻通过这样的方式团结在一起，建立一个健康的家庭，这是支撑整个日本社会发展的人类本来的方式。

然而，在过去的日本，存在所谓的男尊女卑的观念，导致外出工作被崇拜，料理家务被轻视的风气普遍存在。但是，我认为这是一个很大的错误。外出工作和料理家务应该被同等看待，而不是强调其中一种，贬低另一种。

当然，关于男女角色分工，也可以有双方都扮演同样角色并平等地分担工作的情况。然而，现实问题是，像生育和哺乳这样的事情男性无法完成。如果让女性不仅承担生育和育儿的责任，而且同时承担与男性同样的角色，这将给她们带来极大的负担。

因此，男女本来担负着不同的角色，这些角色同样值得尊重。基于这种观点，男性和女性在各自的角色中生活，才有可能找到真正的幸福。

当然，这并不是说女性不应该在外工作。正如我之前所提到的，有越来越多的女性拥有职业是非常有意义的事情。随着社会的进步和多样化，也出现了许多适合女性从事的工作，这些工作需要适合的女性来完成，这对于发挥女性特点和社会发展都是很重要的。此外，对于女性来说，在结婚前出去工作也很有意义，因为这可以让她们了解社会现实。

因此，女性进入职场是好事，但前提是必须正确了解和评价女性原来的角色。原来女性在家庭中守护家，其实她们非常重要，做的事情意义重大，这一点需要得到更准确的认知和高度评价。在这个前提下，女性的社会参与应该得到推进。

我想，这种想法才是符合真正的男女平等的概念。

父母的责任

作为父母，要拥有坚定的生活态度，确立正确的人生观，这对于养育下一代是十分必要的。

有人说过，"成为父母容易，但做父母却很难"。虽然我不知道是谁说的，但我深表赞同。做父母最难的事情，恐怕就是对孩子的管教和教育吧。

自古以来，有句谚语说"三岁定八十"，或者"打铁要趁热"，意思是为了成为一个真正的人，我们必须在出生后到成年之前接受合适的教育和训练。我们人类的生活方式并非自然而然形成的，而是需要培养。曾经有一件事引起了全世界的轰动，说在印度的丛林中发现了一位从婴儿时期就被狼养大的女孩，但她只会像狼一样嗥叫，已经无法适应人类的生活。因此，无论是什么样的伟人，他们都需要在孩提时期获得正确的引导。

对孩子的方向引导，往大里说，其实是全社会成年人都应肩负起的责任，但是最直接的责任人无疑还是与孩子朝夕相处的父母，在这方面，父母的责任最大。一旦成为父母，必须得承担起这项责任，给予子女必要的教导和教育，但是其实这项任务相当艰巨，难度很大。因此，在过去，经常有商人将自己的孩子交给其他合适的商家进行教育。

作为一位父亲，我自己也承担着这一角色。但回顾过往，由于我一直专注于自己的事业和工作，对孩子的教导和教育全部都是由我的妻子独自负责的。因此，我感觉自己没有资格对孩子的教育问题提出意见。尽管如此，我还是想勇敢地说出我认为非常重要的一点，那就是父母自己必须拥有一种坚定的人生观或社会观。

父母直接向孩子传授"应该这样做""不应该那样做"，这种教导和教育是非常重要的，但更重要的是自己拥有这种信念。如果父母有这种信念，并在自己的行为中不知不觉地表现出来，这就会成为对孩子最好的教育。如果父母自己都没有这种信念，即使口头上告诉孩子"应该这样做""不应该那样做"，这种做法无济于事，是否有效果也很值得怀疑。

因此，一旦成为父母，必须努力思考和形成自己的人生观和社会观，尽管不同的人生观和社会观存在好坏之别。

当然，这适用于父母双方。但是，如果必须选择其中一方，我认为父亲更应该做到这一点。最近像我这样的父亲很多，很少有机会接触孩子。即使在这种情况下，如果父亲有关于人生的坚定信念，母亲也会开始有相似的信念。反之，如果父母没有明确的信念，在这种情况下，依靠感情上的爱来抚养孩子的想法可能会变得更加强烈。虽然这种爱很重要，但仅仅靠爱并不足以教育好孩子，孩子反而会容易在欲望的引导下成长。

现在，社会上似乎有些人没有坚定的人生观，甚至父母自己也感到困惑，这也是年轻人不良行为的原因之一。

　　虽然现在是价值观多元化的时代，人们很难确立自己的人生观，但是作为父母，我们应该在生活中积极思考自己的人生态度，形成自己的人生观。这是我们身为父母，履行子女教育职责的第一步。同时，这也有助于我们在自己的人生路上走得更好。

活在此时此刻

"此刻"，只存在于当下的瞬间。竭尽全力活好每一个瞬间，才能拥有充实的人生，活出年轻的活力。

那已经是十几年前的事了，我有幸遇见了雕塑家平栉田中先生。

平栉先生出生于 1872 年，是日本木雕界第一人，活跃在明治、大正和昭和三个时代。我们见面时他已经接近一百岁，我也已经七十过半。当时平栉先生对我说了这样的话："松下先生，六七十岁还是不成熟的小孩子，男人的全盛期是从一百岁开始的。所以我现在才刚刚要开始。"

　　尽管平栉先生和我按照常识来看都是应该退休的年龄，但他的话让我感到惊奇和敬佩——"啊，这位老先生真是有年轻活力啊！"据说这是平栉先生的惯用语，他还喜欢说："如果不现在做的话，什么时候做呢？如果我不去做的话，谁会去做呢？"

　　数年后，当平栉田中先生满100岁时，我从一件小事中得知他在花园里储存了足够用50年的雕刻木材。

　　当年我第一次见到他时，虽然感觉到"他真是一个心态非常年轻的人"，但他超过100岁仍然积极地储存着足够用五十年的雕刻木材，这表明"男人的全盛期从一百岁开始"这句话并不只是说说而已。我再次感到，他继续坚持雕刻五十年的坚定信念。

事实上，尽管已是超过 100 岁的高龄，平栉田中先生仍然在积极创作。平栉田中满 102 岁时，曾在《PHP》月刊上发表过一篇短文，其中写道：

如果我不能活得长一些，我将无法完成自己人生的目标。我必须再创作出五六个作品，至少再创作四个作品。

最近我在完成了四个作品后又在尝试创作下一

个作品，但很吃力，用了三年的时间，最后放弃了。我一直在痛苦中挣扎，深感自己的艺术生涯是个谎言。学艺开始后的五到十年间，无论发生什么事情，我都坚持将其转化为作品。但我没有做到这一点，我只是技术娴熟而已。

我读完这篇文章，很感动，同时也受到了很大的鼓舞。

因为比我年长二十二岁的平栉先生在超过百岁的高龄仍然充满热情地从事自己的工作，不仅如此，他还反省自己的不足，打算更加深入地学习木雕艺术。从他寄来的文章中可以深刻地感受到他的认真态度。

可惜的是，平栉先生于 1979 年 10 月 2 日，在即将迎来 108 岁生日之际去世，没有用完五十年的木材。然而，他直到最后一刻仍然在充满激情和动力地工作，这足以证明他是一个非常优秀的奋斗到生命尽头的人。

想一想，即使已经年纪过百，平栉先生还能保持如此健康和年轻的状态，这是因为他时刻抱着"现在不做，什么时候做呢？我不做，谁来做呢？"的心态，充分利用每一个当下。

我们谁也不知道自己的生命何时终结，但我想每一个人都希望在最后的瞬间到来之前，能够一直为自己想做的事情而活。然而，在实际生活中，要把这个愿望变成现实并不容易。我自己也快九十岁了，时不时会感到这一点的难度。但是，对于我们每个人来说，平栉先生的生活方式无疑是一份非常宝贵的鼓励。

人生意义

　　工作在人生中占据了非常重要的位置。在工作中能找到人生价值，找到通向幸福生活的钥匙。

　　生活在这个世界上，我们都希望过有意义的生活。如果没有明确的生活目标，只是漫无目的地度日，并不是幸福的一生。那么，应该从哪里寻找这种人生的意义呢？在现实生活中，人生意义有许多不同的形式，有些人可能认为爱好或运动是他们的人生意义，还有些人认为家庭和孩子的成长是他们的人生意义，有些人甚至认为攒钱或享受美食才是他们人生的主要意义。

　　人生意义因人而异，这是很正常的。

　　回想过去，我自己的人生意义在不同的时期也有所变化。

　　我在九岁那年被送到大阪当学徒，在那里积累了几年的经验。刚开始远离家乡时，我每晚都会因思念母亲而流泪，但是随着时间的推移，我逐渐适应了工作，并开始梦想着成为商店掌柜，哪怕只指导五六个小伙子也可以，希望自己能做出一些成绩。为此，我没日没夜地投身于工作。

　　当时似乎并没有太多人谈论"人生意义"之类的话题，而且我自己还很年轻，也没有特别去思考这个问题。但现在回想起来，我在工作中注入了一些让我满意的东西，并因此体验到了一种满足感。可以说，那时候我已经感受到了一种人生意义。

后来我进入大阪电灯公司，做布线工。当时我的目标是尽力提高自己的技术水平，希望能成为受重视的员工。我非常努力地工作，参与解决了各种各样的难题，并体验到了在彻夜工作后完成任务的巨大喜悦。

然后，在22岁时，我独立开办了一家电器制造企业，虽然规模非常小，但我投入了全部的热情和努力。在这个过程中，我曾经在一个夏日的晚上工作到很晚，收工后我钻进澡盆，一边泡澡一边玩味忙碌一天后的充实感，内心充满对自己的肯定："你今天真是辛苦了，得好好犒劳自己。"当时的情景至今仍历历在目。

随着公司规模的扩大，我将提高人们的文化生活、促进社会发展作为自己的使命，并和员工一起努力实现这一目标，这也让我感受到了自己的人生意义。

我的人生意义并不是始终如一的，而是会随着时间不断变化。但是，我认为这也没什么不好。

世界上有些人终身致力于一件事，并在其中寻找人生意义，宗教家和艺术家往往是这样的人。这是非常值得赞扬的，但是，并不是每个人都需要这样做。有时，我们会在某个时期找到一个人生意义，然后完成它，再寻找下一个新的人生意义，这也是有意义的。

在这里，我想重点谈谈工作。毫无疑问，工作在我们的生命中占据着非常重要的时间和地位。因此，虽然人生意义多种多样，但我们是否能在工作中找到人生意义，甚至会有左右我们生活幸福的重大意义。

因此，享受爱好、重视家庭和多样化生活方式等都是非常重要和有意义的事情，但在这些事情的中心或根基上，是否能够在工作中投入并感受到喜悦和人生意义，是十分必要的。当然，我不认为工作应该是人生意义的唯一选择，但至少将工作视为一个重要的人生意义，可以使我们的生活更加充实和幸福。

为了更好的人生

人生就是生产与消费的循环。每天努力追求健康的生产和消费，能帮助人过上更加充实的生活。

我们目前所拥有的人生，是每个人独自走过的一条无法重复的珍贵之路。因此，每个人都希望将其变得更有意义。为了实现这一愿望，首先需要正确理解人生的意义。只有明确了人生的意义，才能更加具体有力地努力追求更好的生活，并取得肉眼可见的成果。

关于"人生是什么"，我在刚开始研究 PHP[①]

———————————

① PHP 即 "Peace and Happiness through Prosperity"，通过繁荣实现和平与幸福。——编者注

时就思考过。

一般来说，"人生"指的是人类从出生到死亡的整个过程。但如果从细节方面考虑，也可以看作是日复一日的生活积累。因此，如果我们好好地考虑我们的日常生活，就能更好地理解人生的真谛。

我基于上述观点进行了多番思考，得出了自己的结论，关于人生是什么，简而言之，我认为人生是"生产和消费的活动"。

通常提到生产和消费，人们会认为这是一种经济活动，但我所说的生产和消费不仅仅是简单地生产和消费物品。它包括更广泛的人类心理活动、精神活动，涵盖了物质和精神上的生产和消费，这是人类日常生活的基础，也就是我们的人生。

虽然具体提出这个观点已经过去三十多年，但我的想法没有改变。事实上，我们的人生除了生产和消费之外，可能没有其他的了。

因为我们每天都在生产各种物品，同时消费各种物品。在生产和消费这些物品的过程中，我们必须以某种方式调动自己的心灵。如果我们生产物品，我们首先会在心中描绘出要生产什么样的物品，然后进行各种创新，这可以被称为精神上的生产活动。在使用和消费物品的时候，我们总是伴随着精神上的消费活动，例如评估物品的价值。因此，我们的人生是由物质和精神上的生产和消费的活动构成的。

　　如上所述，为了拥有美好的人生并让生命更有意义，重要的是以更好的方式实践物质和精神上的生产和消费，从昨天到今天再到明天。换言之，政治家应该在政治活动中，教育家应该在教育活动中，每个人都应该在各自的领域中努力追求良好的生产和消费。

　　这样做，社会就会发展和改善，每个人也将开辟通往更好的人生和无悔的有意义人生的道路。

　　谈到人生的意义和目的时，我们常常认为这是高尚而烦琐的东西。然而，如果将生命视为通过日常活动进行物质和精神上的生产和消费，通过这种生产和消费来实现良好的生活道路，就会变得非常容易理解了。

　　至少就我个人而言，每天反省自己是否进行了良好的生产和消费这一行为有助于充实人生。

活到尽兴

带着希望和勇气，努力继续人生的步伐，尽自己所能地活到尽兴。

我今年 90 岁了。

我天生身体比较虚弱，20 岁的时候在电灯公司工作时得了肺尖黏膜炎，后来独立创业后也经常生病，需要医生照顾，所以我自己也没有想过可以活这么长的时间。但在经历了战争和战后的艰苦奋斗之后，莫名地我卧床的时间减少了，变得健康起来。现在我已经 90 岁了，还能做各种工作，真的非常感恩。这大概是我被赐予这样的寿命，或者说是命中注定的吧。

　　回想三十四五年前，也就是我五十五六岁的时候，有人建议我去找算命先生看看手相。当时虽然战争已经结束，社会局势也日渐稳定，但我自己因为占领军的各种限制而无法重建公司，每天都在苦恼和忧虑中度日。也许正是因为那个时候，我更容易听进去别人的劝说，于是去找了三个算命先生看手相，他们都给我做了预测。

　　有一天，我让一位易经师给我看手相，其中一位人士看完我的手相后立刻给了我一个肯定的评价，说："你会活很久。无论如何，你都能长寿。"随后，下一个人也看了我的手相，他明确地说："你不是那种会在七八十岁去世的人。"最后一个人在看了我的手相后说："我以前从未见过像你这样的手相，你会长寿的。"总之，这三位算命先生都预言我能够长寿。

就像我之前所述的，虽然我感觉比年轻时更加健康，但这些易经师的话让我感到非常意外，比喜悦更多的是惊讶。虽然获得这样的预言令人高兴，但我感到难以置信。

那时候，还有两三个朋友和我一起去找易经师看手相，他们每个人也都得到了解说。易经师以我的手相为例解释说："因为你这里不像松下先生"或"这里不如松下先生的好"。这些人后来都先于我去世了，真是令人非常吃惊。

尽管我本人并不特别相信手相，但每次听到这些朋友的去世，我都会产生一种复杂的感觉，有一点想相信易经师的话。

因此，我很感激自己能够活到今天，我想这也许是一种寿命的恩赐。然而，人类寿命一般是超越人类认知的，谁也不知道自己能活到多少岁。因此，我们可以说人类寿命是天命或天寿。

虽说如此，人类的寿命是否完全取决于天命和天寿呢？我认为未必如此。人类的努力和力量也能产生一定的影响。可以说，人的人命和人寿也是寿命的一部分。

我认为我们每个人的人生很大一部分是由天意决定的。但是，另外一部分的人事努力可以让命运变得更加光彩夺目。同样地，我们也可以说人类的寿命也是同样的道理，人为因素对寿命的长短也有一定影响。

那么，我们能够拥有的天寿寿命有多长就成了一个重要的问题。去年我去中国时，曾从一些人那里听说，"在中国，人类的寿命被认为是160岁，所以，81岁就被称为半寿。"此外，某些科学书籍中也写道："除去缩短寿命的各种障碍，人类如果能够达到真正的寿命，应该可以活150到200年。"我也听说过日本迄今为止最长寿的纪录是一个男性活到了124岁。

从这些事实来看，我想，我自己的寿命还可以更长，我要感谢自己能够长寿并且继续努力延长寿命。所以，在去年，我迎来了90岁生日的时候，我决定尝试挑战日本长寿纪录。为此，我制定了一个目标，把目标定在 130 岁左右，每天努力挑战自己并持续鼓舞自己。现在，我正尽我所能去实现这个目标。

当然，这个目标能否实现，我自己也不知道。但是，无论如何，我将全力以赴，带着希望和勇气继续人生的旅程——这也是让我充分发挥我的长寿优势并履行自己职责的方法。